Giovanni Croce

Sigma

Sigma di Giovanni Croce, poesie
I edizione Febbraio 2011
giovanni.croce@gmail.com
ISBN: 978-1-4466-0008-5

Velia

Nel tempo

Ero certo che la sera fosse nata:
lo sguardo che tu davi convinceva.

Oggi pochi boschi ci ricordano
mentre amavamo i nostri corpi e i fauni
danzavano dietro muscose alberate.
Sei tu, Velia, colei che mi tormenta:
diamante virante colori da luci
sottese ad una lotta cruenta
o comunque in balia della tempesta.
Ci ricordano le ansie e le gioie,
la strana mano quando ci accarezzava
i capelli d'oro e ridevamo forte.
O Velia, non ti accorgi di nulla?
Non noti questa sera senza stelle?
Ed io non scorgo neppure una nube.

Vedi

Velia, non tutto è perduto.
Ho visto un corvo gracchiare
dall'alto di un abete ardente
per l'ira divina che mancava
e fumava la pioggia per le strade.
Un passante si copriva il capo
mentre si bagnava il resto:
i rumori si facevan di stoppia.
Sai, la fine di tutto verrà,
ci coglierà impreparati:
in quel momento la mente
vagherà in chissà quanti stati.

Scorrere sangue

Le vie sembrano infuocate
come la musica che ci investe
e le parole della corte silenziosa
vengono avanti, Velia, a guardarti.
Dunque non sono più con te?
Hai l'ardire di sentirti non più mia?
Faccio valere tutto il potere
datomi dalla natura umana:
modificherò la storia delle onde
così come il mare stesso, per averti
di nuovo, ancora. Magari adesso!

E tu

Il nostro giorno si dichiara
proprio quando la notte avanza;
intorno si sparge l'odore del buio
nella stanza silenziosa e umida
e tu sorgi maliziosa e innocente
dal mio corpo bianco, infinito,
tradito dalla tua bellezza.
Velia, vorrei allontanarmi da te
ma come rinunciare ai tuoi confini?
Dove poter vedere l'agonia
portatami dalle tue unghie?
Quando risorgere senza aver lottato?

Credi sia acqua

I fiumi sinuosi ti rendono triste,
ricordano forse la vita.
Sei morta mille volte (t'ho vista)
ma ti ritrovo ogni volta in me:
sembra quasi che la figura del vento
sia la tua forma, magari i suoni
dei platani nelle vie del centro
ti rendono viva e presente.
Il muoversi del Tevere non offende
ma ti rivede in ogni dove.
Potresti accompagnare se vuoi
il mio morire di giorno in giorno.
Velia, se bastasse la mia anima
io ci crederei solo per dartela!

Sigma
Dediche ed invocazioni

Agli spettri che circolano.

A te, larva o lemure che sia: smàscherati!
Non celare la funebre

mole d'immagini che tante sanguinano
nei miei pensieri e cantano

nenie nel cuore. Sappiamo che si agitano
tra i governanti trappole

audaci, sigilli infuocati e ordinano
tante perfette pecore.

Cosa sarà di nostre scelte se valutano
che più non serva il vomere?

Agli amici del suo funerale.

Se date i vostri pensieri per l'ultimo
degli incontri che limite

non ha per spazio e tempo, offrite séguito
a una preghiera misera:

voi seminate e fate che i selvatici
fiori non crescano deboli.

Qui, nel salon del Limbo, poi maturano;
con calma si fan cogliere.

Ad un uomo.

Di conchiglie levigate più giovane,
sempre dal mare l'opera;

giova alla tua pelle il canto che modula
le frenesie degli uomini.

Pasce nel bel mezzo di un prato insolito
la musica di un rustico

risalire di colori che nell'iride
tuo vedo così languido.

Ad una casa in sogno.

Dei pensieri girovaghi
riempiono della mia mente l'anfora:

una magione tragica,
divina discende il sentiero ripido.

Era casa d'aligeri
demoni volanti con tocco sacrilego?

O uno scherzo magico
che si diverte a fare il Fato in carcere?

All'urlo.

Mulini di polvere e la canicola.
Sudore e caldo reggono

un corpo stanco e solido
mentre sull'estro una lagrima sanguina.

Non dubitare mai di quei pericoli
se le visioni celeri

scavalcano un solo valico
dell'unica tua dignità superstite.

A questa città.

Madre dalla testa turrita, volano
come colombi i turbini

nelle vie crude, morte, e neri appaiono
i tuoi sogni di resina.

Aleggiano sulle tue case le aquile
di due colossi dispari:

le preghiere disperate che accumula
l'insofferente cupola;

dall'alto con i soldi s'erge turgido
il palazzo ben statico.

Ma nel mio cantuccio nascono metropoli
dove non cresce edera.

A colui che mi odia.

Còntati nel gruppo e rimani in bilico:
su un lampione si guardano

piccoli gufi che invitano aspidi
a mordere i fulmini.

L'invito che tu fai non è visibile
e rivela un sudore madido:

risibili s'affannano tue stupide
occasioni spasmodiche.

Ad un ricordo.

Nulla paga il pianto d'un bambino
– Montale

Si cela la memoria presso un salice
casto d'antichi mèmori.

Guardavo, fratello, nei giochi floridi
il tuo sereno vivere.

E tu, bionda sorella, con quell'essere
miravan gli occhi lucidi,

come se fosse ora, la vita. Labile
mi torna tutto il subito.

Al mare.

Vedo la tenebra. Viene l'esercito,
schiera invisibile, da lungo baratro:
il cespuglio dell'ombre
movesi nel crepuscolo.

Rumore angelico striscia con l'estasi,
m'avvolgo barbaro nel mare limpido.
Arriva piano l'ira
della mente semitica.

A B. Spinoza.

E ti gridavano: – Lascialo, Lìberatene!
Ma tu nell'animo sempre più candido
costruivi nei numeri
l'amor che attorno ruotasi.

Molavi prodigo senz'alcun prestito,
di donne vergine, la mente fulgida.
Se il silenzio è spiacevole
il tuo creava armoniche.

Ai suoi genitori.

E sedevano le acacie sui lividi
bordi assolati e logori

di una via di campagna. Ancora traffici
non v'erano di caotici

andare e venire ritmici.
Dai solchi neri mietono

col sole d'agosto abbronzate femmine.
Nei fazzoletti i pargoli

ci guardano e tirano dritti al seguito.
Ricordate me, soffice

tra le briglie della danda, ricchissimo
nel mio cuore di nuvole?

C'è una zana lungo il ciglio: lo spasimo
dell'ombra il santo illumina;

il ribollir dell'afa attira il piovere
così le nubi arrivano.

In braccio a lunghi passi affretta il correre
e padre madre ridono.

E tu Musa: se aleggi in cielo, portami
sull'Elicona a piangere.

All'Aleph.

Ah! Il trasporto sul miracolo!
Notare un punto atipico
nel quale immergere lo stare:

vedere il divino cenacolo
(forse il mistico atipico
tornare a farsi verginare).

Alla libertà.

Credi che sia come Vertunno che cambia
parere a valli e pascoli?

La libertà è una vipera
e posa il suo veleno per bere al fiume.

No, non è lecito tagliare i fili
a tutti i nostri prossimi

ma non perché la folgore
si farebbe sentire: chi poi rimane?

Però di tante azioni cui le scelte
umane sono per termini,

qual gusto è per i vescovi
mettere il dito nell'arnia dell'uomo.

Ai suoi eroi.

Sono morti! Finalmente sono morti
tutti i valori fragili

ficcati come spillo nel cervello
– O uomo di penisola!

Forse è un'illusione quella che vedo
dovuta a qualche organo

che sconosciuta mi risuona dentro
come se fosse un pendolo.

Le navi antiche rientrano ai porti
recando un altro genere

di valori che cingono come il vello
s'avvolge sulle pecore.

Il bene? Il mare? Son queste a cui credo
le tessere di un domino?

O forse gli eroi sono cupi e al centro
gridano l'amore bellico?

Sigma
Il mio cuore in un imbuto

per Almar

Sindone.

Védilo il crisma ludico
girare su vetro lucido
(sia di notte giorno o lunedì
o altro momento karmico).

Questo è il vostro cardine
in evidenza vandalo:
esso resiste impavido
davanti ai mesti sandali.

Supponi solo per un attimo
l'arido impossibile miracolo:
solo allora tu sarai crisalide.
Forse troppo tardi per il mistico.

Viscere.

Era uno scomodo sintomo
il mio, del mio cuore
sempre in giubilo per te.
Mi accorgevo limpido
di ogni gesto futile
di ogni quadruplo salto
nel vuoto pur di averti,
di volerti nel computo
dei miei momenti d'amore.
Poi la morte, il dolore
dell'assenza – livido scettro.
Siamo stanche viscere
nel mondo ma non basta
che io suoni il plettro della vita
o che cammini su trampoli.
Bianca rimane la mia pelle
densa di troppe illusioni.

Fulmine

Si sa:
il vento molesta
le giovani fronde,
sconvolge gli animi quieti.
A me lacera la Storia.

L'illirico frenulo divino
sfiora i capezzoli terreni:
è quasi un acidulo ridere,
rammenta un fiammifero
dalla forma strana e violenta.
Sappiamo effetto eucaristico
di elettroni e nuvolame
ma alle volte il frenico pensare
fa vedere un volto, distico
scomparso, forse uno spiffero.
Sicuro essere quello mio.

Sùbito

Scintilla nel buio
la lucciola che sciama
nel prato ormai presso la notte.

Tu chiedi insistente del rumore
fra i nembi portato
dalla luna crescente.

Io ti desidero ma dorme
il tuo corpo, dorme il bosco
e il selenico fragore che era
si scioglie subito nei miei sogni.

Indaco

Era piacevole giacere nel tuo feudo
sotto la tettoia di campagna
senza alcuna lampadina elettrica.

Non sapevo nulla di te
(di me ero certo di esser più longevo).

Ti lucevano gli occhi, le labbra
esili tradivano un tuo pneuma:
dall'indaco colore del tuo sguardo
sperai che fosse mia la lussuria.

Lìbrati

L'obbligo di vivere riporta
un nobile tocco di gaiezza.

Ci ritroviamo silenti attorno
rumorosi fuochi di gioventù:
i ricordi valgono i debiti
contratti per limare i corpi
e assalgono la gleba incolta.

Per questo librati sopra i sogni
e lasciali subito, in fretta.
Altrimenti non giunge la vecchiaia.

Piangere

Sempre ferme tra ragione e passione
le mie ferree colonne di marmo
in cui gelido mai piango di gusto.
Fu nera madonna tra fregi
marmorei e invalidi resti di storia
a indurre sul volto sorgente.

Forse stavo nascendo ancora.

Lorica corazza intaccata:
io piansi durante il camminare
da porta a porta in cattedrale.

Era potente trono di angeli increduli
della mia presenza nel luogo?
Oppure si svolgeva lentamente
quel processo di ritorno all'ammuffire?

Siculo

Vigile il monte dormiente
scuote deboli menti:
finisce la penisola laggiù
– comincia l'illimite timore.

Virili occhi osservano femmine
con penico languore sopito.
La vita è sempre fra due istanti
(corpi infiniti tra loro).

Trema la terra senza sosta.
Nasce il mio timore panico.

Libellula

Ti smaschero senza suono di lira
né gioia o strascico di risa.
Su un masso denso di muschio
vorrei giacere con te ma agita
feconda la mia voglia complice
di tanto timido pensiero.

È ora che grondi il sudore
(le gocce da cui nascerà fonte)
e una libellula solitaria vagante
posi un istante sul maschio.
Suo piccolo piccolo crimine.

ad personam fecit

www.ingramcontent.com/pod-product-compliance
Lightning Source LLC
Chambersburg PA
CBHW060442040426
42331CB00043B/2294